*Pour Harmony, Marty,
Arsène et tous les autres.*

Numéro du livre dans la collection :

Textes de Bernard Brunstein

© Bernard Brunstein pour les illustrations - http://peinturedebernard.over-blog.com/

ISBN : 9782322121083

Conte pour enfants de
Bernard Brunstein
Illustré par l'auteur

Une Araignée

Une araignée sur le plafond se tricotait des bottes.

Une grenouille lui dit:
- J'ai froid, peux-tu me faire un manteau?
Oui, laisse moi le temps.
Ainsi fut fait!

Un lion passa par là.
- Waouh! Comme tu as un beau manteau,
dit-il à la grenouille. Qui est-ce qui te l'a fait?
- Ben, c'est l'araignée au plafond qui se tricote des bottes.
Demande-lui si tu veux quelques choses.

- Araignée, araignée,
peux-tu me faire un bonnet?
Oui, laisse moi le temps.
Ainsi fut fait!

Un tigre vit le bonnet du lion.
- Qui t'a fait cette merveille?
- Ben, c'est l'araignée au plafond qui se tricote des bottes,
qui a fait le manteau de la grenouille
et mon bonnet.
Demande-lui si tu veux quelque chose.

- Araignée, araignée,
j'ai froid, peux-tu me faire une écharpe?
- Oui, laisse moi le temps.
Ainsi fut fait!

Un éléphant vit l'écharpe du tigre.
- Eh! dit moi qui t'a fait l'écharpe,
c'est l'araignée au plafond qui se tricote
des bottes,
qui a fait le manteau de la grenouille
le bonnet du lion
et mon écharpe.
Demande-lui si tu veux quelque chose.

- Araignée, araignée,
j'ai froid, peux-tu me faire des bottes?
- Oui, laisse moi le temps.
Ainsi fut fait!

Un hippopotame croisa l'éléphant.
- Tu as de belles bottes dis moi qui te les a faite?
C'est l'araignée au plafond qui se tricote des bottes,
qui a fait le manteau de la grenouille
le bonnet du lion
l'écharpe du tigre
et mes bottes.
Demande-lui si tu veux quelque chose.

- Araignée, Araignée,
j'ai froid, peux tu me faire des moufles?
- Oui, laisse moi le temps.
Ainsi fut fait!

Un crocodile croisa l'hippopotame
- Tu as de belles moufles qui c'est qui te les a faite?
C'est l'araignée au plafond qui se tricote des bottes,
qui a fait le manteau de la grenouille
le bonnet du lion
l'écharpe du tigre
les bottes de l'éléphant
et mes moufles.

demande lui si tu veux quelques choses.

- Araignée, Araignée,
peux tu me faire un coussin
-Oui, laisse moi le temps.
Ainsi fut fait!

Un ours demanda au crocodile
-Tu as un beau coussin qui c'est qui te l'a fait?
C'est l'araignée au plafond qui se tricote des bottes,
qui a fait le manteau de la grenouille
le bonnet du lion
l'écharpe du tigre
les bottes de l'éléphant
les moufles de l'hippopotame
et mon coussin

demande lui si tu veux quelques choses.

-Araignée, Araignée,
J'ai froid peux tu me faire une couverture
- Oui, laisse moi le temps.
Ainsi fut fait!

Un serpent ami de l'ours
Tu as une belle couverture qui c'est qui te l'a faite?

C'est l'araignée au plafond qui se tricote des bottes,
qui a fait le manteau de la grenouille
le bonnet du lion
l'écharpe du tigre
les bottes de l'éléphant
les moufles de l'hippopotame
Le coussin du crocodile
et ma couverture

demande lui si tu veux quelques choses.

- Araignée, Araignée
J'ai froid peux tu me faire un poncho?
- Oui laisse moi le temps.
Ainsi fut fait!

Un cochon qui connaissait le serpent
Tu as un beau poncho qui c'est qui te l'a fait?

C'est l'araignée au plafond qui se tricote des bottes,
qui a fait le manteau de la grenouille
le bonnet du lion
l'écharpe du tigre
les bottes de l'éléphant
les moufles de l'hippopotame
Le coussin du crocodile
La couverture de l'ours
et mon poncho

demande lui si tu veux quelques choses.

- Araignée, Araignée,
J'ai froid peux tu me faire un tapis?
- Oui laisse moi le temps
Ainsi fut fait!

Un chien demanda au cochon
Tu as un beau tapis qui c'est qui te l'a fait?

C'est l'araignée au plafond qui se tricote des bottes,
qui a fait le manteau de la grenouille
le bonnet du lion
l'écharpe du tigre
les bottes de l'éléphant
les moufles de l'hippopotame
Le coussin du crocodile
La couverture de l'ours
Le poncho du serpent
Et mon tapis

demande lui si tu veux quelques choses.

- Araignée, Araignée
peux tu me faire un joli nœud papillon
- Oui laisse moi le temps.
Ainsi fut fait!

Un chat demanda au chien
Tu as un joli nœud qui c'est qui te l'a fait?
C'est l'araignée au plafond qui se tricote des bottes,
qui a fait le manteau de la grenouille
le bonnet du lion
l'écharpe du tigre
les bottes de l'éléphant
les moufles de l'hippopotame
Le coussin du crocodile
La couverture de l'ours
Le poncho du serpent
le tapis du cochon
Et mon nœud papillon

demande lui si tu veux quelques choses.

- Araignée, Araignée,
Dis le chat
- Oui que veux tu répondis l'araignée?

Tu as fait le manteau de la grenouille
le bonnet du lion
l'écharpe du tigre
les bottes de l'éléphant
les moufles de l'hippopotame
Le coussin du crocodile
La couverture de l'ours
Le poncho du serpent
le tapis du cochon
le nœud papillon du chien

Moi, je veux, juste ton amitié.

Ainsi fut fait!

Du même auteur

Poèmes et Peintures de Bernard Brunstein

L'amour simplement

Histoire de Bernard Brunstein
Illustrations B Brunstein

Le Chat à la Fenêtre

La Couleurs Des Mots

Poèmes et Peintures de Bernard Brunstein

Le Fil Rouge

La langue de la terre
La lenga de la terra

Poèmes et peintures de Bernard Brunstein

Quand je te parle

Contes pour enfants Bernard Brunstein
Illustrations Bernard

WRAROU Le Lion

Textes, poèmes, peintures de Bernard Brunstein

NICE

L'AMOUR NE PEUT

DISPARAÎTRE

Poèmes de Bernard Brunstein
Illustrations de B Brunstein

Les mots ont une couleur

Poèmes de Bernard Brunstein
Illustrations B Brunstein

Imaginations

Poèmes et Peintures de Bernard Brunstein

Quand la nuit se pose

Et avec...

Valérie Bouculsant
Bernard Brunstein

Vos Chaussures me sont plus agréables que vos yeux

La carpe Diem

Sabine Carreau Litzler
Bernard Brunstein

À Jamais dans MON CŒUR

POEMES
Sabine Carreau Litzler
Bernard Brunstein

Le Papillon et la rose

Editeur : BoD-Books on Demand, 12/14 rond point des Champs Élysées, 75008 Paris, France
Impression : BoD-Books on Demand, Norderstedt, Allemagne
ISBN : 9782322121083
Dépôt légal :Mai 2018